TAN TEMPRANO

TAN TEMPRANO

Alfredo Sánchez

MAHALTA
EDICIONES

COLECCIÓN
ADIVINOS

© Alfredo Sánchez Rodríguez
© Fotografía de portada: María Antonia Ricas Peces
© Fotografía de solapa: Pepe J. Galanes
© Prólogo: Rafael Escobar Sánchez

© Mahalta Ediciones
www.mahalta.es

Colección Adivinos n.º 32
Primera edición: abril 2026

ISBN: 979-13-991642-1-3
Depósito Legal: CR 189-2026

Impreso en España

Mahalta Ediciones es un sello editorial de Añil Desarrollo Gráfico, S. L.
www.anil.es

Ver morir

Dolores extremos hay cuatro:
nacer, vivir, morir y ver morir.

Pedro López Lara

El 12 de abril de 2016 fallecía mí hermano Andrés, el segundo de los seis que somos —que éramos—, con 54 años, de un tumor cerebral del que fue diagnosticado un año antes. En ese mismo año, en diciembre, el 17, con 52 años y por un cáncer de pulmón, fallecía mi cuñada Isabel, mujer del tercero de mis hermanos, Joaquín, como una hermana más para todos nosotros. También en octubre, el 11, y también con 52 años (esta vez de una manera fulminante), fallecía mi amigo Fran, uno de los primeros y mejores amigos que tuve desde que llegué a Ciudad Real.

Con esta «excusa», ahora que se cumplen 10 años de toda aquella sumisión a la muerte (como inevitable que es), publico este libro con todo lo que entonces y desde entonces he escrito por aquellas circunstancias, actualizado por este aniversario y liberado ya por la ausencia de un dolor inicialmente insoportable que lo inhibía absolutamente fuera de mí, mitigado después y amansado por el tiempo que ha podido, si no dulcificarlo, sí apaciguarlo para poderlo expresar y gestionar y —también ahora— compartirlo, por haber desaparecido aquel furor en carne viva con el que emergió, creció y se mantuvo como abrojo en mi sangre.

El texto es, en realidad, una reflexión sobre el tránsito de la vida, la decepción y el impacto —y también la crueldad— de la espera avisada y consciente, y la llegada de ese momento terrible de la consumación, que lo sabemos como cierto (es lo único seguro desde que la vida alumbra en nosotros), pero que preferimos ignorar, posponer en nuestro pensamiento y hacerlo futuro lejano.

Razón de amor

Cruda, pero también sabiamente, afirma el poeta Pedro López Lara en una cita inicial de este libro que «ver morir» es un dolor parejo al de la propia desaparición. Y añade poco después Alfredo que ante ese «empujón brutal» que cantaba Miguel Hernández (tres, como las suyas, son también las heridas de nuestro poeta: Andrés, Isabel y Fran... que también representan para él las del amor, la muerte y la vida) de quien se nos arrebata antes de tiempo, solo resta «si no dulcificarlo, si apaciguarlo, compartirlo». Con ellos comparto la idea de que cierto tipo de sufrimiento no se «supera»», tan solo se aprende a vivir en su oscura compañía después de un larguísimo proceso de asunción que no es en absoluto lineal sino, por su exigencia psicológica, una dinámica tortuosa de avances y retrocesos. Aparece en este libro Manrique, pero no solo su nombre sino su filosofía angustiosa del «tan callando»», la faceta más cruel de la muerte no como un agujero que nos engulle al final del camino, sino que lo cercena cuando aún se tiene por delante mucho tiempo legítimo para el placer. También esa visión quevedesca de la vida como una sucesión de entierros, que crea una absoluta confusión entre lo que es caminar hacia delante y hacia atrás, y a veces expuesta con una morosidad de catálogo fisioló-gico que impacta en «El olvido de mi cuerpo»», una de las mejores piezas del conjunto.

Sin embargo, creo que *Tan temprano* es, antes que un libro elegíaco, un tratado sobre el amor. Retratado, como en Pedro Salinas, como una esencia que es capaz de sobreponerse a lo accidental, de ahí el porqué del título de estas palabras. En dicha condición de raíz o fundamento vital, garantiza su perpetuidad e incluso puede doblegar a la muerte como a otra apariencia más. A pesar de esa otra faceta más sombría que alienta el remordimiento por las ocasiones perdidas para hacerlo prevalecer (como en el estremecedor poema «Nadie puede perdonarme»). Su antípoda puede ser el pudor que da mostrar el sufrimiento (ante quien falta, ante todos...) como si el dolor fuera reconocer implícitamente no haber logrado acceder a esa esencia imperecedera del cariño.

Plantea el libro una similitud entre los afectos fundamentales de un hombre que nos iguala, que nos convierte en personajes intercambiables en la medida en que somos tallados por el mismo sufrimiento. Por tal razón no nos sorprende que Alfredo Sánchez pueda identificarse con Jorge Manrique, que incorpore su propia experiencia como una parte más de esa elegía global en que el poeta soldado fue capaz de convertir su propia tristeza.

Ese mencionado amor quizá solo es capaz de revelar su contraluz de consuelo cuando se ha interiorizado el dolor, aunque el primer imperativo de esa intimidad dramática es solo impotencia y confusión, que también sufre quien intenta mitigarlas con signos o palabras que son un sinsentido, la inutilidad literal de todo afán humano.

Bajo el imperio de esa cicatriz, las heridas se bordean con temor, como aguardando que el más leve contacto active, quién sabe si ya a perpetuidad, el resorte de un daño que se creyó salvado. E igualmente se teme que el dolor no deje la identidad intacta, que la desdibuje hasta el punto de que se pueda palpar dentro de uno mismo a un extraño (como en «Nunca regresa el mismo que se fue»), un temor que fuerza a una depuración íntima de esos trazos de sufrimientos antes de que puedan arruinar el instinto de seguir caminando y afrontar un futuro («Hacer hueco»).

Uno de los aspectos que más impresión causan en este libro es la propia caracterización de la persona perdida. El muerto como «sabio» por definición. La certeza de quien ya conoce lo trascendente, por haber accedido a lo que verdaderamente importa, ya lo «sabe» todo. En contraste con los interrogantes existenciales de los vivos y la perpetua «agonía», en la acepción clásica de lucha inacabable, que arrastran en todos y cada uno de sus días. Vivos y muertos callan por igual, pero la mudez de los que todavía alientan puede ser cobardía, un espejo deformante en que la vida se desfigura cortada a la medida de nuestro propio miedo.

Irrumpe en muchas páginas un tono de «vanitas», en el derrumbe implacable de toda impresión humana de fortaleza o perpetuidad, en lo efímero que se consume en esa búsqueda, tan bien representada en la imagen de esa «horquilla del zahorí», de algún fondo de trascendencia que nos sustente. Su contrapunto es la capacidad de sugestionarse positivamente con una esperanza que dilata nuestro tiempo marcado para crecer en el amor (como en el bellísimo poema titular) y la ficción de realizar, como en el relato de Carpentier, un «viaje a la semilla», itinerario inverso y feliz desde la decrepitud (sugerida con tecnicismos cuya aparatosidad parece elegida para que resulte siniestra: «condromalacia», «asistólica», etc.) al primer repunte de la inocencia («Desandarme»)..., o el polvo estelar de que estamos formados.

Puntualmente, la angustia es a menudo inseparable de la impresión que produce la muerte como hecho estrictamente físico. Como en la rima LXXIII en que Bécquer, durante una noche de tormenta, piensa a propósito de una niña recientemente enterrada si «acaso de frío se hielan sus huesos», la hipersensibilidad de Alfredo le lleva a fabular las impresiones sensoriales del cuerpo amado en su proceso de fusión definitivo con la tierra, con imágenes que evitan impresiones sórdidas de putrefacción, sino que, al contrario, albergan una delicadeza que permite soñar nuestra transmutación mágica en lo hermoso y perpetuo de la naturaleza.

Dentro de la serie histórica de publicación (no necesariamente de escritura, claro) de Alfredo, este libro va a continuación de *62 de octubre*, editado también por Mahalta en marzo de 2025. Y, aunque diferentes, tienen semejanzas de estructura o, más bien, de ritmo o mecánica íntima. Los dos muestran un movimiento desde la desesperación a la esperanza. Hay aquí también una insurrección personal en busca de la serenidad, aunque parezca un consuelo tan irreal como el que retrata en «De qué esperanza hablamos». Perceptible en la convicción de negar el hueco, como en esa silla vacía de la reunión familiar que aún se siente tercamente ocupada. O en la cita que antecede la sección de poemas dedicados a Isabel. En los momentos de mayor ímpetu emocional, puede adquirir la forma de una interpelación directa. Y algunos de esos vocativos pueden resultar quizá involuntariamente ambiguos o, mejor dicho, tienen una doble lectura: incitan al que se marchó al coraje contra esa violencia de la nada, pero también son un pequeño manual de resistencia para quien persiste al precio de afrontar ese desgarro (como en el poema «*Lo que quise decirte*»). Un valor que tiene un hermoso manifiesto, al que se suma el potencial salvador del cariño, en otro texto fundamental como «Poder volver».

De esa manera, se va tejiendo una pequeña reconciliación con el dolor a partir de lo que puede aportarnos como aprendizaje vital, como reto en que somos capaces de descubrir nuestra fortaleza creativa y psíquica, como si merecer la vida exigiera el peaje de justificar nuestras armas para mantenernos en pie ante su crudeza (creo que es muy significativo de esta idea el texto «Las piedras del camino»). Y así resulta hasta en las ocasiones en que ni la esperanza ni el pacto de no agresión con el dolor compensan cierta sensación de pusilanimidad, de no haber sabido asumir ese precepto de Séneca (con el que ni él mismo fue capaz de ser coherente...) de acabar con la vida cuando ya no nos ofrece oportunidad de ser felices. El resultado de esa falta de coraje, como señala «Cobardes en la vida», puede ser acabar sometido a las humillaciones de nuestra degradación física y mental en la vejez, a la par que el hecho de que se acerque la muerte sin que hayamos podido resolver las dudas existenciales que tanto nos han dificultado el trayecto (como en el poema «La cumbre»).

Desde un punto de vista más propiamente estilístico, creo que es uno de los libros más ricos y variados de Alfredo, más abundante en figuras retóricas y perspectivas de enunciación poética diversas entre sí. Por ejemplo, es frecuente el «trasvase» de lenguajes poéticos típicos de unos géneros a otros. El «himeneo» cambia a elegía en un poema como «Desiderata», con todas esas referencias naturales que hilvanan un conjuro si no para la felicidad al menos para el descanso. Tan intenso que permite hasta fabular un regreso, cuya faceta más original, y también más emotiva, es que no se proyecta sobre alguna otra realidad indefinida sino sobre la nuestra en que es imperativo por todo lo que el dolor ha derrumbado. Y en su peculiar versión del «ubi sunt», la interrogación retórica no se aplica a personajes del pasado sino, en una acepción literal del concepto latino, al lugar en que nos afinca la muerte, cuestionando la felicidad o el tormento que les atribuye nuestra imaginación. El «y se quedarán los pájaros cantando» de Juan Ramón (su guiño al eterno retorno como filosofía más consoladora que especulativa aparece en otros textos como «Recoge ya» o el final de «Para morir») parece asaltar al lector cuando lee «Cruzarán golondrinas», aunque ese paso de alas suscita aquí más vértigo que serenidad en cuanto ya no lo perciben ni el vivo ni el que marchó.

El desgarro del libro posibilita que puntualmente irrumpa una «estética del improperio» (por ejemplo, cuando se insulta a la muerte como «avariciosa/artera comadrona de sepulcros»). La ira va de la mano de la estupefacción, de la incredulidad de que haya descendido al polvo la fortaleza vital más alta y por tanto ese esplendor haya podido ser un espejismo de alegría que jamás retoñó.

Los referentes literarios, y junto a ellos buena parte de las intertextualidades y los símbolos, han ascendido, en modo «frayluisiano» a auxiliares o confidentes del dolor y por tanto consiguen ser lo opuesto a un elemento culturalista o puramente decorativo. Y tiene una enorme relevancia el sensorialismo (especialmente en poemas como «Aquel botón azul»). Esas impresiones son los trazos en que se afianza la solidez y la valentía del recuerdo y permiten, pasado el erial del primer dolor, ir edificando el pundonor para reconstruir la vida frente a las que, en un sentido inverso, son como un catálogo asfixiante de todo lo perdido. Igualmente sirven para poner en un pie un contraste dramático entre el interior del hombre que se siente deshabitado por las ausencias y un mundo capaz de regenerarse indefinidamente.

Apartado diferente hay que reservarle a la frecuencia y la impetuosidad de las imágenes de contenido simbólico. Varias de ellas asociadas al anhelo (a menudo intelectual, de conocimiento en el que poder ahondar) y el deseo (la caracola) que el tiempo convierte en una utopía o una trampa por albergar una intensidad que nos podría destruir. Pero también a la resistencia, a un sobrevivir casi inverosímil entre la aridez física y emocional de un olmo machadiano («Un árbol solo», esas «volátiles polillas» de «Con el paso cambiado» que evocan los «pollets» que hacían de pequeña alegoría de nuestra fragilidad en Joan Vinyoli) o de esa flor de pita nacida entre el vértigo del precipicio. Algunos de esos símbolos parecen ambivalentes. Es el caso de la flor que brota del mantillo de un cuerpo y las que eran la belleza o las virtudes del que se marchó ya condenadas al recuerdo. La montaña nos recuerda aquella definición de la poesía que acuñó Darío, esa «camisa férrea de mil puntas cruentas que llevo sobre el alma», es a la vez meta vital ilusionante y «fatum» que se acepta con la certeza de coronarla ya roto o exhausto. El espejo, por su parte, conserva la connotación negativa que a menudo padece. Pero no como regodeo vanidoso en la belleza sino como testimonio implacable de su degradación.

En conclusión, puedo contaros que, a propósito de un ciclo de conferencias reciente sobre la influencia del Surrealismo en la poesía española, tuve la ocasión (tan placentera...) de volver a releer un libro capital de nuestra lírica como *Sobre los ángeles,* de Rafael Alberti. Mi impresión al cerrar el volumen después de tantos años pasados desde mi primera lectura, es similar a la que hora tengo mientras concluyo estas palabras sobre el libro de Alfredo: textos que no tienen solo un valor «analítico» sino «terapéutico». Lo cual equivale a afirmar que no hay intención de regodeo en los estados depresivos sino de sanación, que el libro constituye un ejercicio de superación, de reto vital cumplido que, dada su variedad y brillantez estilística, consigue ser a la vez creativo y humano. Incluso en los momentos en que más sangra, tiene sentido el sufrimiento como un ritual de paso en que el poeta, después de demolerse, crea una identidad más perfecta y firme. Alfredo ha conseguido de nuevo narrar la resistencia de la vida a través de un planteamiento que podría haber culminado en lo opuesto, en el nihilismo o el absurdo existencial. Y, después de *62 de octubre,* es ya un firme hábito de luz que todos sus lectores le agradecemos.

RAFAEL ESCOBAR SÁNCHEZ

*A mis hermanos Andrés e Isabel y a mi amigo Fran,
en el décimo aniversario de su fallecimiento,
y a todos los que se fueron como ellos, tan temprano.*

*A la vida
que todo nos lo da
y todo nos lo quita
... dolorosamente.*

Vive mientras puedas vivir,
puede que después no haya nada.

JESÚS MUNÁRRIZ

La muerte, tan injusta,
nos deja los sentidos sin respuestas.

MANUEL LÓPEZ AZORÍN

Todo lenguaje tiene algo de milagro
al crear desde el dolor.

ARIEL FRIEDMAN

Estamos hechos del amor de los demás.

FRANCISCO CARO

SI LO DESNUDAS

No puede haber
conflicto en el amor
si logras desnudarlo
de todo lo que no es y lo dejas
en su sola verdad: ahí lo tienes,
y estará siempre en ti
como sustento, tuétano y riqueza
y aliento de tu vida.

... se fue haciendo el silencio cuando te fuiste
Luis Rosales

I
Andrés

30 de enero de 1962 | 12 de abril de 2016

DESIDERATA

Sobre un lecho de espigas primaveras,
de tardes de campanas y vencejos,
de pólvora ardentía y de jarales,
de sol en alamares y romeros,
alzo un altar que guíe tu camino
por si quieres venirte de regreso,
para guardarte un sitio entre nosotros
en la raíz profunda de este suelo
solar de tu refugio y tu memoria,
en esta casa tuya, en este azul del cielo
donde abrimos los ojos y la piel,
cuna de tu luz, tan tuyo, tan nuestro.

POR TI DESDE MANRIQUE

I

El padre o el hermano, el hijo o el amigo,
tanto nos da, Manrique: es la muerte incansable
quien reclama su óbolo a todo ser que vive,
al humano finito, pávido, descompuesto
ante su inevitable concurso descarnado.

La muerte, avariciosa,
artera comadrona de sepulcros,
que no viene a mentir ni arrepentirse
como reza tu lema grabado en filacteria.
Viene a decir la última verdad
del hombre, a quedarse más allá
de cualquier tiempo, de cualquier latido,
de cualquier corazón.

II

Fue tu padre, Manrique, el que puso tu pluma
a sangrar sobre el lienzo cándido del papel,
abriendo en él los ríos, los mares y las lágrimas,
solaz de tu congoja y calma de tu espíritu,
y yo tengo mi sangre rebelde y conjurada,
menesterosa y pronta para cubrir de llanto
la ida del hermano arrebatado,
sol que apagó la muerte en su ceguera.

Reclama su recuerdo doliente mi garganta
y el pulso de mi mano en níveo pergamino,
cantando a mi manera
el dolor que plañiste tú a la tuya.

III

Acúdeme, Manrique, en esta hora del tiempo
sin paz, de la pregunta atroz, la más difícil:
Ubi sunt qui ante nos in hoc mundo fuere?
Dónde quedamos, dónde quedaron los que fuimos.
Dónde estaremos cuando pueda alguien recordarnos,
eternos y sin vida que alentar,
en el fuego, en el aire, dispersos, diluidos
definitivamente.

El tránsito certero que es la vida
—ese río—,
se quiebra hasta el negror vacío tras la muerte:
la mar que es el morir.
El ras que nos iguala y nos omite
del orbe terrenal y sus senderos,
esta fugacidad del mundo y de su gloria.

IV

Muertos del amor secreto de la tierra,
volved al tiempo de todos que os habitó.

RAFAEL ESCOBAR

Fortalece pensar que puede haber
reencuentro tras la pérdida,
pero es aquí donde lo quiero,
no en cósmicos disfraces,
no en las ubres vacías.
La eternidad no se calcula,
no tiene mérito pensar en ella,
si nos abrasa alguna vez
será para olvidarnos
perdidos en la inmensidad
de su propia esencia.

Es aquí donde lo quiero,
donde el estrago del dolor devasta,
en el barro, en la tierra hambrienta,
en el molde y el tacto de la arcilla,
sobre la costra firme donde se pone el sol.

Y quiero hacer, Manrique,
como hombre solo, atónito,
palabra mi deseo,
tan vívido e intenso como estéril,
... tan imponderable.

ELEGÍA

Al final se fue
la sombra lo hizo suyo
la luz lo redimirá.

La punta de la rama
acompaña un instante todavía
al pájaro que se va.

JULES RENARD

I

Dónde iremos aún
cuando caigan las últimas hojas del ciprés
y se apaguen las últimas luciérnagas.
Dónde remansará su limpidez
el agua de la acequia,
o dónde quedará
el naufragio del canto de las tórtolas.

Dónde posará el viento
los recuerdos que estaban olvidados,
o la remota brasa que perdure
de la hoguera: ceniza,
arcano y sepultura.

Qué memoria tendrá de ti
la luz que un día
ganaba tus pupilas y tus dones
para obrar su milagro
en los ojos venideros.

Dónde abrirán las flores su corola,
en el brocal oscuro de los pozos
o sobre el agua quieta de la alberca.

II

Por dónde caerá la tarde cada tarde
en este abril de luz que te prefiere
ahora que no estás.
¿Arderán tras la sierra los crepúsculos
igual que cuando los veías tú?

Qué cincel hallará
el pulso de tus manos
para tallarme el alma cuando aprenda
que no habrá lejanías ni viento al que llamar
para que purifique nuestros rostros.
Dónde quedará escrita
la huella de tus pasos
cuando haya sucumbido la plegaria.

Y dónde irá tu corazón
empeñado en hacerse luna
y vigía de estrellas.
Dónde seremos vida
si no es en la verdad de la mirada,
en el beso cándido, estremecido,
en el desnudo abrazo que revela
solo el amor perdura.
.....
Cuando ya no quede más sol
que la luz y el sonido de tu nombre,
arderá como hoguera tu recuerdo
como lumbre perpetua
o como nieve
que anuncie cada día la primavera.

BREVEMENTE SER

Han pasado los tiempos de bonanza,
ahora viene la vida —¿o es la muerte?—
cobrándose el milagro
que nos ha sostenido,
que nos ha hecho posibles
durante tanto azar,
durante tanta vida.

Podremos engañarnos
como hacen los planetas
alrededor del sol,
mirarnos en la tierra como dólmenes,
o sentirnos castillo
alzado entre volcanes,
pero nunca es la vida lo que nace
cuando nace,
sino un proyecto cósmico
de catarsis, de muerte
y desintegración.

Solo podemos —brevemente— ser,
y aprovechar la luz que nos ampara
mientras morimos.
Ni siquiera es la vida una trinchera
contra la muerte,
ocaso y certidumbre insoslayable.

CEGUERA Y DESCONCIERTO

Por mi hermano Andrés

Comparezco ante ti derrotado,
queriendo ser la lágrima
que resbala por fin y se desvanece,
rota, pérdida contra la angustia.

Hay mensajes que hablan en las piedras
y en el rizo cambiante de las nubes
que no alcanzo a comprender.
Soy espejismo, ceguera y desconcierto.
Soy de carne y de hueso
humanamente derrumbable,
fango que espesa el agua
descomponiendo el lecho de la vida.
Limo sordo imposible de limpiar
sino con la caricia de unas manos
o el sueño incomprendido de los ojos.

No resuena un silbido de espiga
que anuncie la esperanza,
ni un suspiro de flores
ni un bramido de luz entre jarales:
    somos tregua fugaz en el tiempo,
    briznas que el viento zarandea.

¿Quién disipa esta duda?
¿Quién aborda la pregunta?

LA GUADAÑA HA EMPEZADO

La guadaña ha empezado
a segar nuestra tierra.

Ha empezado a llevarse
los frutos tan cuidados,
en sazón de alegría muchos de ellos;
nos ronda, nos acecha
y, sin mirar, cubierta por su velo sombrío,
nos arrasa la vida
pegada al estupor de nuestros ojos
como apretada venda de mucílago.

Somos capricho del vaivén de su hoz
y cuando quema el cuerpo con su frío
reproduce la herida más allá
del pecho que la sufre,
haciéndose cadáver y agonía
en otros pechos que mueren también
desgarradas, partidas como sangre rota
las entrañas.

TAN TEMPRANO

Dentro de mí este hueco.
EFI CUBERO

Hoy quiero ver muy lejos el final,
que prolongue el camino su promesa
y nos podamos seguir dispersando
como el aire se esparce entre montañas.

Quédate conmigo, hermano,
con nosotros,
aferrados y hundidos los brazos en la tierra
como planta raíz que se obstina en la madre,
con los ojos absortos en las constelaciones
y esperando que el tiempo nos consuma
para dar el salto natural
al confín de la luz inmarcesible.

Aún es muy temprano,
¡tan temprano!

EL OLVIDO DE MI CUERPO
[Como hablando él con él mismo]

Hay partes de mi cuerpo
que tengo ya olvidadas.

No recuerdo la corva
que dobla mis rodillas,
ni la planta del pie
o el contorno ondulado de su huella,
el talón
o el número de dedos
que podría seguir teniendo juntos.

No recuerdo el envés
donde se alza mi cuello,
la palma abierta de la nuca,
la escuadra natural que dibuja mi codo,
la fuerza de los muslos, de las piernas,
o el secreto encerrado de mis ingles.

La bola trágica de mi cabeza,
herradura incrustada y repetida
que tapona el infierno.

El camino alargado de mi espalda,
el angioma naciente que partía mis glúteos,
la cueva sinclinal de mis axilas
y el escroto que ahora invade, patético,
orificios de plástico y pañales.

Y entre el olvido, lo muerto:
soy la mitad de lo que era,
y arrastro pesos
que fueron antes brazo, mano, pierna,
pie como yunque que tira de mí
y me impone a su lado,
sin fuerza que me acuda
para poder negárselo.

Mi cuerpo está partido en dos,
me arrastra mi lado muerto,
me lleva con él.

Aquel botón azul

Como un botín de guerra
colecciono y defiendo las imágenes
que tengo de tu vida:
el agua que bebimos juntos,
la lluvia que marcó nuestro camino,
el calor sofocante de la flama
en el verano,
el frescor de la huerta y las cerezas
que dejaron marcada la ropa del domingo,
y aquel botón azul, azul dorado,
que una tarde perdimos
contra un duro y un tigre de papel:
casi el primer recuerdo de la angustia.

No es posible decir adiós,
con el tiempo
puedes acostumbrarte a la partida
pero nunca a la ausencia,
aunque se hayan comido los zarzales
—para siempre—
las higueras y el fruto
que alimentaba a los pájaros,
y el pozo donde crecían los mimbres,
aquel del agua férrea y cristalina,
y el nogal, muralla verde y alegoría,
robusta desnudez del que brotaba
una promesa de vida eterna...
como la tuya.

Había una caracola

Aquella casa de la infancia
donde el latido del corazón
tenía las mismas letras
que la palabra hermano.

Luis Rosales

Había una caracola
en la mesa pequeña
del recibidor,
y una lechuza disecada
con la mirada fija
en el paso del tiempo.
Y yo, niño de cal, llanura y rastrojo,
tan lejano del mar,
me preguntaba cómo habría
llegado hasta mi casa y desde dónde
la caracola,
si no tendría algún misterio dentro
esperando que yo lo descubriese:
una perla de arena y nácar,
un banco reluciente de corales,
una puesta de sol atrapada en el cielo,
la voz de una sirena perdida en su locura,
o tal vez, simplemente, guardaba
el secreto profundo del mar, porque
yo lo oía vivir
y llorar y llamarme
dentro de ella.

COBARDES EN LA VIDA (I)

Solo queda la luna al final del camino,
luminosa presencia
e impasible testigo del dolor
y del gozo de nuestro titubeo.
Hasta ella queríamos llegar
fajándonos la piel y los temores
en su deslumbramiento.

Quedaba tan lejana
que urgimos hacia ella nuestra vida
por todas las veredas en su búsqueda:
¡tantos afanes, tanto devenir...
los pasos y las lágrimas!

Y ahora que tan cerca la tenemos,
con el saín del tiempo entre las manos,
no podemos tomarla,
nos falta el brío joven, el arrojo
que venía a empujarnos en la sangre
cuando el futuro estaba radicado
en la verdad sagrada de los sueños.

Y no queremos tampoco tomarla,
su pulpa de argento nos quemaría,
y optamos por quedarnos como bichos de luz
en el fulgor de su embeleso.
Sin lustre ya, sin fuerza para el salto,
retiramos la voz, la mano y las banderas,
cobardes en la vida hasta el final.

NADIE PUEDE PERDONARME

Es tarde para hablar a las raíces
por qué no nos crecieron otras ramas,
por qué no compartimos
el pan que nos sobró
ni fuimos asidero de las manos
que pudimos haber cogido
y de los pasos que amaban otras huellas.
Por qué no fuimos nunca
el refugio de cuántos desahuciados
que esperaban, solo por amor,
los afectos recíprocos que nunca nos nacieron.

Ahora nadie puede perdonarme,
yo tampoco podría:
¡está en la compasión que me rodea!

Pero ya es tarde y tengo que seguir
     caminando,
caminándome,
hasta que el tiempo acabe con mis fuerzas,
no con mi voluntad
y a pesar de la mancha y las heridas.

El final de un camino se merece
más dignidad que una sorda renuncia
a la espera tan solo
del último tañido de campana,
del último latido
antes de la vorágine final.

Un árbol solo

Un árbol solitario en la llanura.

Un árbol solo. Solo.

Y un hombre solitario tras la vida:
un hombre solitario ante la muerte.
Un hombre solo. Como el árbol.

Solo.

Altivo en el pedregal,
arañado del cierzo y el solano.
Solo ante los surcos,
ante el barbecho y el trigo.
Solo ante sí y solo
ante la inmensidad que lo rodea.
Heroico y simple tótem que rescata
el sopor infinito de tanta llanitud.
Digno en su estatura, resistiéndose,
sabiendo que son pocas las lunas y verdores
que puedan inflamarle todavía.
Sin roncal, sin la tórtola
que canten desde allí sus laudes en el alba.

Más pretérito que luz,
más leña que prodigio,
más ceniza que savia engendradora,
más broza que navío.

No hay ventanas
ni techumbres
ni raíz más recóndita
que la propia envergadura
coronando el paisaje.

Y el azote del viento.
La llama abrasadora —flamígera— del sol.
El ansia de la niebla. Las escarchas.
Los cuchillos del hielo, la cal de los rastrojos.
El cebo y ramoneo de otras vidas.

La luz abrumadora, toda suya:
resoles de alboreos y crepúsculos.
La bendición del agua cuando llega:
semilla dulce, aroma
y miel entre las flores.

Todo el peso de la vida esperándolo,
esperándolo ahora y desde que era
tan solo azar, tan solo brote.

Toda la tierra para sí y solo.

Solo.

Un árbol solo en la llanura.
Un hombre solo tras la vida
un hombre solo ante la muerte.

Si estuvieras aquí

Si estuvieras aquí, en mi soledad,
conmigo cuando arranca el día y pide
que le entregue la luz de mi esperanza
si quiero hacerme vida en él.

Si estuvieras aquí
sabría encontrar mis ojos cerrados
en los huecos abiertos de la sombra,
para no ir tropezando entre los sueños
que quieren confundirme
sobre quién puedo ser esta mañana.

Es imposible que sea el de ayer,
o el que esfuma su rostro
tras el vapor del agua:
        ni siquiera el espejo
        podrá reconocerme
        cuando me enfrente a él
        desde el turbio pretexto
        de la enajenación.

Vago en la oscuridad
evitando tinieblas que ya anduve,
por no volver al polvo y la agonía
de los eriales donde fui miseria.

Si estuvieras aquí...
abrigo y compañía en las palabras
que nos rescaten del olvido.

Desde las uñas

Desde las uñas
que enterraron las lágrimas
fue preciso crecer,
desde el vacío total
repentino
impensable ni como premisa
—¡si pensaras en él
te sería tan ajeno...!—

mas sucedió

construir la vida entera
sin otro fervor
que manos pequeñísimas
repudiadas,
sin cama, sin agua previa,
sin almohada a la que gritar
y aferrarse

no hubo gloria ni fatuos
almíbares de piña,
solo supervivencia
y andamios podridos
para ir entibando el corazón,
anegado de sangre dolorida,
inmensas torundas
taponando arterias
que gritaban
                y nadie las oyó.

Dejarlo para todos

Es la mejor manera de perderlo,
dejarlo para todos,
porque no hay argamasa que sustente
un latido común:
la raíz que debía alimentarlo,
armar su voluntad, su fuerza, su cohesión,
prefirió envenenar la tierra
y dejar sin el agua a los árboles altos,
allí donde anidaron los pájaros primero.

Y destruyó —sabiéndolo—
el escudo en el bosque frondoso
de hojas y ramas iguales
que podía enfrentarse a cualquier vendaval:
    la piedra quicialera quiso ser
    azufre, paja quemada y discordia,
    cornezuelo futuro para el pan.

Ahora, lo común,
como cosa perdida y sin defensa,
será de nadie,
será de otros que talarán el cielo
y el verdor de los campos
al olor de la carne quemada.

Será de nadie, será de todos,
mas no de los que allí se amamantaron.

Ocultos en el silencio

Tantas cosas ocultan los silencios,
tantas viejas heridas encostradas
que forman las miserias y verdades
que nunca nos decimos.

No sale para todos el sol de igual manera
ni germina la rosa con iguales espinas
plantadas en el mismo corazón,
ni se agolpan las lágrimas
urgentes por la misma pesadumbre.

No hablamos del silencio voluntario,
armonioso y nutricio,
del querido y buscado para crecer en él.
Hablamos del silencio donde cabe la vida
y lo llenamos de ácido y distancia,
de la que aleja y mata tan despacio.

Lo peor del silencio no querido
es que no haya pared donde arrojarlo
y acabe pareciéndonos
el sillón más confortable,
entonces nos habremos convertido
en rémora común, lastre embreado
que nos empuja al mismo sumidero
para encallar en él
            irreversiblemente.

CABECEAN LOS LIRIOS

Cabecean los lirios
como campanas mudas
al son acompasado de la caja
de tu memoria
... donde no estás tú.

Otro vacío más,
el del ritual de tu partida
sin poder asomarnos para verte.

Dormirás entre el hielo
y los pastos de las cumbres,
siendo humo y olvido debajo de la tierra,
en una lejanía extraña, desconocida,
para mayor calvario de tu raíz umbilical
y de las flores que aquí te brotaban,
las que te conocían,
que no podrán hacerse ya
ramo ni ofrenda para recordarte.

Por allí viene el sol,
cabalgando el horizonte
y ni tú ni nosotros
podremos verlo.

YA NO QUEDA NADA

El mirto que aguardaba
ser corona en tus sienes
palidece marchito,
sin flores ya que adornen tu cabeza,
y perdieron su ruta entre la nieve
esquivos ungulados temerosos del rayo,
enteros en la sangre y el bramido.

Ya no queda nada,
solo la tierra esperándonos
y el tacto duro y frío de la piedra
protegiendo el ocaso.

A LA MESA SENTADO TE TENEMOS

> Primera bendición de la mesa común
> después de tu partida.

Una silla vacía
en la mesa común
abre un hueco de ausencia
fatal, irremplazable.

Y ahora que no puedes ya negárnoslo
a la mesa sentado te tenemos,
como siempre quisimos que así fuera,
completos en las risas y en los besos.

También lo que se va,
si alguna vez fue nuestro,
nos queda,
permanece.

II
Isabel

23 de mayo de 1964 | 17 de diciembre de 2016

No desistas

Por Isabel, Isabelita, Maribel

No desistas, no cejes, no claudiques.
¡Persiste!,
que la vida te sigue reclamando,
y tú, pasión por ella,
quieres que siga en ti.

Mientras un pálpito de luz te alumbre
y una brizna de aliento te sujete
perseguirás su halo, incansable, por pálido
que lo sientas,
gozando de la suerte de estar viva,
trabada al pacto que alumbró
tu desnudez y aún te llama para sí.

Buscar la dignidad para dejar de ser
como busca la hoja su amarillez de muerte,
empeñada en la rama
hasta el último suspiro del viento.

LO QUE QUISE DECIRTE

Que no puedan contigo las tormentas
ni doblegue tu sangre la maldad de la ira,
¡guarda tu furia para crecer!

Apunta siempre al cielo
para andar por la tierra,
y sé como la roca,
como solo es la roca, perdurable.

Confía en ti de manera subversiva,
que todo es hiel
y nadie habrá que responda por ti.

¡Guarda tu furia para crecer,
que todo es mentira!
Y guárdala para ser,
para crecer también desde la luz
de tu ausencia,
                    de tu memoria.

MUY DENTRO DEL PECHO

Qué vida, tras la muerte, tan sencilla:
yo, entimismado, transcurrir contigo
de un sueño a otro, de una a otra orilla.

ANTONIO GALA

No se ablandan de amor las gardenias
solo con mirarlas,
hay que tenerlas muy dentro del pecho,
ceñidas al latido
        de la respiración

solo ahí, cuando duelan
y encharquen tus entrañas,
podrás decir que son tuyas,
su aroma, su secreto, su verdad

y podrán ayudarte a revivir
y a creer que en el vuelo
        de su blancura
encontrarás el sol de tu alegría
y la punta azarosa del temor
a perderla...

esa, tu felicidad.

Nada te podrá consolar

Por mi hermano Joaquín
que lucha viviendo en el infierno.

Nada de lo que yo pueda decirte
consolará tu angustia irremediable,
aunque sé qué se oculta en el reflejo
cansado de tus ojos,
y qué hiel se desangra en la tersura
perdida de tu voz.

Sé que has buscado al Tiempo
y quieres preguntarle
por qué su vértigo, su paso alífero,
por qué ha borrado el rastro de tus huellas
y hará un estrago feroz de tu vida.

Ni tomando distancia del infierno
que se instala en tus días
me puedo imaginar el inmenso dolor
de puñales que llevas ensartados,
de no poder hacer nada de nada,
¡y sin compartirlo: todo el infierno
solo para ti!

No conozco milagros
ni sé de pautas para resistir,
solo el amor y el ansia de la supervivencia,
el instinto de vida en la prisión del duelo,
única empuñadura

si quieres ser bastión, puntal y vértice
donde nace y confluye
toda la vida que has originado:
luz y venero donde mana el agua,
la que buscasteis para ser memoria.

Para vivir nacemos
y, sin remedio, para fenecer,
sin hora ni sentencia prefijada,
pero ¿de qué manera
que se haga menos cruel la despedida?

CRUZARÁN GOLONDRINAS

Tú no lo sabrás, pero
créeme si te cuento
que he visto mariposas volar por el pasillo,
y una luz al final de mis manos
por donde baja un río.

Tampoco sabrás cómo,
herida en la madera,
se abre paso la luz
entre las rendijas de la ventana
diciéndose mi nombre,
o del miedo en la cruz de las baldosas
cuando avanza el estrépito del día.

Cruzarán golondrinas del patio al comedor
hacia la piel blancura del almendro
                y yo no estaré,
no estaré para verlas
—¡tanto tiempo esperándolas! —,
ni para mirar cómo
se posan y se cantan y se sueñan
en los nervios del lomo de los libros,
                llamándome,

—por las paredes corren las hormigas,
se disputan, frenéticas,
el tiempo y el quehacer—

¿dónde estarán grabados los albores
del recorrido?

MIRÁBAMOS LA LUZ

Mirábamos la luz encandilados
como miran el tiempo las estatuas,
absortos y seguros
de ser como es el tiempo,
tan perdurable:
¡oh ingenuidad del errático humano,
nunca de la piedra, que permanece!

Mirábamos la luz para llenarnos de ella,
y cuajar en los ojos la sustancia
de su milagro.
Mirábamos la luz y no veíamos
más allá de su impacto,
       de su resplandor.

Mientras tanto, la vida,
pasaba a nuestro lado sin querer
rozarla por si acaso oscurecía:
no supimos ver que la sombra es parte
nativa de la luz, ingénita de ella,
y nos quedamos solo en el fulgor,
sumidos en la hartura
       de su plenitud,

Ahora, cuando el tiempo nos absorbe,
buscamos una excusa, un disfraz
que ya no puede salvarnos
       cuando llega la noche.

PODER VOLVER

A Joaquín, a Isabel,
porque nosotros estuvimos allí.

Nosotros estuvimos allí donde rompe el huracán
y se amasan las tormentas,
donde nace la rabia del viento
y el rayo destroza los árboles
y los ojos encandilados.

Estuvimos donde encienden su pluma los volcanes
y construyen su oscuridad los eclipses,
                    detrás del sol.
En la boca profunda de las cavernas
donde habita Caronte desheredado.
En los dientes terribles de los glaciares
que arrasan sin piedad la tierra.
En la falla abisal de los vacíos,
        inclinados sobre su infierno.
Soportamos la feble bondad de los recién llegados,
la mano eventual de los circunstanciales,
la fuerza blanda de los escondidos.

Caminamos en el filo voraz de las hoces,
en el bramido estridente de las torrenteras,
en la calma chicha de los océanos
        sin dirección y sin tierra a la vista.
Bebimos en la sed inmensa de los desiertos
en la abrupta escollera de los arrecifes,
en la punta curare de todas las astillas,
en el negro aguijón de los escorpiones.

Nosotros estuvimos allí...
en el túnel sin luz, interminable, del miedo:
   el áspero dogal de los ahorcados.
Sufrimos en el garfio enquistado de los arpones,
en la trenza de espinas de los rosales,
en la dura expulsión de la sangre podrida.

Pisamos en el vidrio quebrado del desconcierto
en la sima profunda de los acantilados,
en la tierra abrasada del abandono,
en el disturbio constante, agónico,
            de la incertidumbre.

Y ante todo ello nada vale nada
sino la entereza,
la voluntad de ser trinchera y dique
fortín y supervivencia: más altos, más hondos,
más claros que cualquier oquedad.
Solo en nuestra lucha estuvo la redención
y en la esperanza...
            ... y en el amor.

Nosotros estuvimos allí, en todos los llantos,
en todas las pérdidas, en todos los miedos,
... pero volvimos.

Pudimos volver,
hay que hacer lo imposible
para poder volver.

BRASA, SOLO BRASA

Esa oscuridad
de la que nadie despierta.

ARIEL FRIDMAN

Repaso mentalmente los rincones
donde guardo el dolor acumulado,
cuidando de no hacer ninguna mueca
que pueda despertar a alguno de ellos
y quiera hacerse púa, sangre o cárcava
en el soporte escuálido
de mi alma carcomida.

Tengo el negro recuerdo
de soles y luciérnagas
que fueron dagas sin misericordia,
hachones roturándome alboradas
que nacían del fondo
de lágrimas abiertas en canal.

Así la luz moría y era brasa,
solo brasa,
solo verdugo eléctrico
sin arjé, sin raíz para sembrar
luz de otra luz
constructora de vida.

Después del humo

Después del humo
humo solo y destrozos en las flores.

La lengua tríbula y endurecida.
Un engrudo amasado en las palabras.
Punzantes espolones asaltando la carne
y acetatos de juncia y de cardencha
para el ruido de las tripas.

Ya no habrá amaneceres de café
entre besos de menta y mandarina.
No habrá perfumes de sándalo y arena,
ni crecerá desnuda la nata del almendro
para que puedas deshojarla
y hacerla miel en tu boca.
No habrá sueños de sábanas de seda.
No habrá esperanza ni vahos calientes
ni espejos donde mirarse en el cielo
ni bálsamos de mar y luna.

Un dolor para derribar planetas,
una lija de tuera en la garganta,
y solo humo, humo solo,
y destrozos en las flores.

Aquí te recogí y aquí te dejo,
con la derrota grabada en la piel,
... y en las puertas, los goznes,
            aullando despedidas.

LAS PIEDRAS DEL CAMINO

Cómo ayudan las piedras del camino,
las que nos encontramos sin buscarlas
y hemos de sortear para seguir
el curso inevitable de la vida.

Caminar es más fácil sin obstáculos
pero se aprende menos,
tenemos que sacar todo el valor
y la fuerza
para enfrentarnos solos
al reto de batirlos.

La vida es la enseñanza de ella misma,
que todo nos lo da y de todo pone:
    la ausencia y la abundancia,
    el oprobio y la gloria.
Somos en ella intrusos,
un acaso, un misterio, un acertijo,
y su más perturbada creación
por la fatal conciencia que tenemos
de su fugacidad.

Vivimos presos de su brío,
de su humor, de su aliento, su mudanza,
sin poder elegir más que su oferta,
rosas, piedras; lo atroz, lo venturoso.
En saberlo vivir
aceptando el azar que nos gobierna
estará nuestra paz o nuestro infierno.

Si nos da rosas
seremos en su gozo y su dulzor.
Si vienen piedras
habrá que sublevarles nuestro ímpetu
y aprender del coraje de enfrentarnos
al temor de su impacto.

Se aprende de la piedra,
en ella está la sangre viva aún
de nuestras más profundas cicatrices,
esas que forman parte del miedo que nos ata
y estremece la paz
que tan difícilmente conquistamos.

La rosa vuela, se aja y se marchita,
la piedra permanece.

La crueldad de la verdad que somos

¿Qué ocaso justifica una tiniebla?
Una vida que fallece
avanza más deprisa
    que la mirada donde se apoya,
y el relámpago que un día estalló de luz
tiembla, candileando, en sus últimas bocanadas.
El vaho se apodera
de la imaginación en las ventanas,
de su pulcritud,
emborronando estrellas y figuras
    que siempre acompañaron nuestros pasos.

Se tropieza la voz con la palabra,
la idea con el fruto,
y la vida, que fue tan nítida
como el perfil del agua en un estanque,
rastrea los recuerdos
que no se pueden pronunciar,
rostros y melodías
que confunden su origen y se pierden.

Las agujas de la memoria troquelan sueños
que no se han despertado todavía,
imprimiendo sus huellas
entre almohadones hartos de ayeres,
uncidos a las patas de una silla para amamantarlos
    con el lento pasar de los días,
la distancia entre la calma y el delirio:
    la crueldad de la verdad que somos.
        ¡¿Dónde está Dios cuando se necesita?!

¿DÓNDE ESTÁ LA MONTAÑA?

¿Dónde está la montaña
        que he de subir?
Se me pierde de vista,
no puedo contener en mis ojos
toda su inmensidad.

Me arrastro cada día por su altura
nutricio en su dolor y persiguiéndola
        ... persiguiéndome.

Tengo en mí su opresión, siento su peso
como losa imponente que me ocluye:
    llevo el lastre de su mole
    taladrado en mi adeene.

Busco pasillos luminosos
en las galerías que ando y desando,
pero sé que es la grieta de su abismo
todo mi derrotero.

Me afano en descubrirme
en sendas despejadas
cuando son roquedales
por donde he de trepar
clavándole las uñas a la piedra,
impenetrable,
sin otra mordedura
que el latir de mis ansias.

CON EL PASO CAMBIADO

Andamos costeando la existencia
a base de empujones y desvelos,
mirando desde atrás
el hálito de nuestro recorrido,
dejando que se marchen los cometas
sin subirnos en ellos.
Y cuando viene el sol y nos llama
nos encuentra con el paso cambiado,
siempre fuera de sitio,
sin saber si han venido las estrellas
para intentar alcanzarlas.

Somos entonces
volátiles polillas que danzan sin concierto
alrededor de su luz,
temerosos de fundirnos en ella
pero ansiosos por conseguirlo.

La catástrofe umbilical
de donde procedemos se consuma
y, sin fuerzas para hacer girar el mundo,
nos aislamos del reto de la supervivencia
abandonándolo todo
                    por última vez.

La casa silenciosa no podrá despertarse.

Dejándome vivir

Todo se queda, —¿solo yo me voy? —

Ángel Guinda

Una mancha
en los labios ardientes del cráter

un sial, una sombra que mira.

Un puntero, una línea
que me cruza y me marca

un láser que me repta
para hundirme su boca

un rayo me calumnia sobre el vientre,
un aspa:
    ¿quién me está señalando?

un trino que me avisa y que desoigo

—amaneció, pero yo no vi la luz—

... me estoy dejando vivir.

La parte de infinito que nos duerme
en las entrañas, eso debe ser
la vida, su secreto
escondido en nosotros.

III
Fran

10 de diciembre de 1964 | 11 de octubre de 2016

TAN PRONTO, TAN DEPRISA

En memoria de mi amigo
Francisco Cañizares

El árbol construía sol y ramas
y viento entre las nubes de su cielo,
las aves que volvían de su vuelo
hacían, a su amor, nidos y camas.

Dime por qué has llorado ¿Es porque amas
y no viene la luz en tu consuelo
cuando quieres crecer, ser raíz, suelo
que abonas con la risa que derramas?

¿Cómo puede tu tronco poderoso,
amigo enamorado de la vida,
ser el pasto del pávido huracán

si eres roble, camino vigoroso,
tan lejano de tu hora prevenida?
¡Tan pronto, tan deprisa, amigo Fran!

La pérdida

¡Oh, Tánatos, oh, Parcas implacables
sabedoras del bronce en las paredes!
Ya que fuiste ruin, Láquesis, midiendo su hebra,
aboga en tu poder por el amigo robado
allá donde se encuentre.

Dime que se ha quedado mudo el sol
que la luz de la lluvia no suena en los cristales
que hace días que el viento, melancólico,
no trocea su aliento entre los árboles.

Dime que el agua lame los charcos sin tocarlos
que murieron las algas cansadas de moverse
que las piedras no crían mariposas
ni pacen el sosiego de los líquenes.

Dime que ya no cabe el mar en una lágrima
que mis manos dejaron olvidado el sendero
que iba de su cuerpo nuevo al mío fatuo.

Dímelo. Dime vida lo imposible:
que el pan nunca fue espiga ni fue polen la miel
que no es el hielo frío por ser frío
sino por haber sido antes volcán.

Dímelo y creeré incluso lo atroz:
que se para la Tierra y se colapsa
y se abandona ardiendo y rendida
en brazos de una estrella que se funde.
¡Dímelo, Vida, dímelo!

Mas no podré creerte si me dices,
oh, Átropos, que el rayo apareció
ciego de luz —incierto— cual perversa tijera
o alacrán repentino de guadaña implacable,
y obró su fuego de hacha, despiadado,
cobrándose la voz y la mirada,
las que inermes yacían en los brazos del sueño
confiadas en ser corazón y latido
y esplendor en la vida.

¡Tan temprano!

Amigo Fran
28-10-2016

DE QUÉ ESPERANZA HABLAMOS

De qué esperanza hablamos,
de qué suerte de viento que nos lleva,
de manzana que cae, sin prisa, del árbol
y se apaga en la tierra definitivamente.

De qué ciclón de polvo
que ahoga la garganta y la encementa,
de qué silencio huyendo de la boca,
remoto como estigma, como lápida.

De qué dogal súbito pero cierto
que ahuyenta la alegría
y espera su tributo sin alma ni atrición.
De qué letargo umbroso del tedio o la desdicha,
de qué horizonte no alcanzado.

Es el sacrificio de nuestra vida
después de la promesa de la luz
y el dulce premio de su permanencia
—sin coste, sin gabela ni ambición—
que cumple sin defensa su destino fatal,
    insoslayable desde que nos abrió su mano...
    su porfía de muerte.

DESANDARME

Ojalá que mi tiempo por pasar fuera desandarme,
ir hacia atrás: de la ceguera que me rige
—hecha de golpes, dolor y naufragios—
al ramo blanco de azucenas y los días sin dudas:
    zapatos de domingo y pantalones cortos.
De la condromalacia y la presbicia,
de la asistólica tensión
y el corazón sin sitio para creer en nada
a la promesa de la luz y la esperanza en la vida
que un día fueron mis ojos de niño.

Y desandarme por las avenidas, por las ciudades,
por las aceras que fui.
Por el terror y la certeza de estar solo,
por el miedo a la vida y, sin embargo, vivirla intensamente.
Por las tapias y el frescor de las huertas,
las umbrías, el soto y los oteros.
Por el pan candeal y la ropa planchada
—olores de membrillo y manantial—.
Por el azul del cielo y el humo en los rastrojos,
    allí, en las eras, donde el sol se ponía.
Por el fin de la tarde cayendo en su hermosura,
júbilo de la luz, breve, indefinible, hipnótica,
como es la poesía.
Por la noche estrellada y las manos de madre
dibujando cigüeñas y palabras de harina.

Y ser de nuevo huésped en el amniótico elixir,
diluido en la sangre de un abrazo furioso y fecundo de amor
    antes de ser tan solo estrella.

El alma derrotada

Amanece sin pausa.
Los ojos se detienen
mientras avanza el día,
y yo sangro los míos para mirarme adentro
donde ya no pervive casi nada,
solo viejos delirios, solo huecos
y puentes que no crucé.

Me ofrezco derrotado al sol,
queriendo que la luz me esconda de mí,
y eso que hoy, en la mañana,
todo es tranquilo:
el cerezo, que fue néctar y abeja,
mima su fruto enamorado;
las piedras se reparten
la inquietud de la lluvia cuando escampa;
cruza el aire un finísimo silencio
delgado como pulpa de algarica;
las nubes averiguan mi tristeza
y la brisa distrae mis temores.

Y lo miro y lo veo, todo,
pero desaparezco en los canales
del barro acostumbrado,
íngrimo y escondido.
Las máscaras no ocultan lo que son
y pueden engañar a quien las mira
pero nunca a quien tras ellas se esconde,
se llevan como carne:
el alma derrotada, envilecida.

NUNCA REGRESA EL MISMO QUE SE FUE

Nunca regresa el mismo que se fue
ni es la misma la tierra que lo espera
ni es el mismo tampoco
el cielo y la casa que dejó:
    ¡cómo cuesta encontrar el rastro de una vida!

Cuando hiela, vigilan los carámbanos
en el ancho perfil de los aleros
por si el tiempo quisiera detenerse,
y desnutren los soles las aradas
que peinaron un día el amor de los campos.
Seguirá persiguiendo el polvo los olvidos
y en la cruz de la tarde
inundarán las lilas las paredes
que un día fueron
        ansia de la cal.

No pudo ser la paz ni el regocijo,
ni el logro de soñar un sueño entero,

solo la ausencia

—la mirada errabunda como huella borrada,
la fuerza de la sangre entre las manos,
y la rabia apretada entre los dientes—.

Tampoco el llanto fue consuelo o gloria
donde ocultar el desarraigo.
Solo la ausencia y solo
el silencio y el peso de los días.

PARA MORIR

No hay dudas, no las hubo nunca:
    para morir nacemos.

Muchas preguntas sí,
más que nada por disipar la angustia,
la tragedia, la sinrazón
de no entender que fuera la vida,
solo,
un proceso de desgaste biológico.

Pero nunca hubo engaño:
    para esto era para lo que vinimos,
    el premio es, si acaso, ese paréntesis
    entre las dos fronteras,
    ese tránsito que llamamos vida.

El río fluye y pasa
dejando un recuerdo de cristal
y pájaros:
    nunca es la misma agua
    y siempre es el mismo río,
    como nosotros: el agua,
    como la vida: el río.

QUÉ CAMPANA SONARÁ

Desde el banco que mira cómo pasa
el tiempo
o cómo se descuelgan
las horas y las lágrimas
miro,
apostado en la hierba que me crece
sin saber si me avanza o si se va
la vida.

Hay en los ojos
un estupor de olvido y memoria
y una duda de recuerdo y futuro
como ropa tendida sin coger,
por ignorar si aún llegaremos a tiempo
para la redención antes del abandono,
o si ya, para entonces,
la luz se habrá acabado.

Esa pérdida de estar mirando
lo que no vemos,
lo que no se ve ¿será la muerte?

¡Qué campana sin mano que la agite
sonará taponando el aire
antes de que la luz desaparezca!

Y SE AJA EL CORAZÓN

... el cuerpo es un templo mientras arde,
el resplandor de su desnuda gloria.

MIGUEL ÁNGEL VELASCO

De las algarabías al hondo infierno voy
del negro panteón a las plazas de feria,
arrastro por igual alegría y miseria:
mi pobre corazón lucha lo que le doy.

Y lo soporta: penas ayer, sonrisas hoy,
mas el dolor lo pudre: sangre, lodo y arteria
de duelo necrosado carcomen su materia
y lo que va quedando de él es lo que soy.

Ahora está llegándonos un tiempo de pesares,
de adioses que no tocan, de pérdidas, de llanto,
que nos manda la vida en su rueda de azares

dejando exiguas rosas de júbilo, de canto.
Y se aja el corazón de muerte paulatina
sufriendo como llegan espina tras espina.

RECOGE YA

Recoge ya, me dicen
el árbol y la piedra.

Más rápido, me apuran:
el río ha desbocado su caudal,
y el agua se retira
irreversiblemente,
su cauce quedará agotado y yermo
como útero baldío.
¡Ya no hay retorno,
nada vuelve atrás!

La tierra, que reclama el corazón
el ansia y los afanes para sí,
quiere todos los besos
y los surcos labrados por la vida
en el tas de la piel.

No somos herederos de la tierra,
somos fruto, cosecha y alimento
de su gineceo, y no quedará
vestigio ni riqueza ni memoria
de nuestras atalayas
en cuanto el sol decline,

solo la tierra sola.

Este es el precio.

¿Volveremos a ser
de la fuente de donde
el sol bebe su luz?

IV
Tan temprano

ESTO ES UNA CRUZ ESTO ES
UNA CRUZ ESTO ES UNA CRUZ
ESTO ES UNA CRUZ ESTO ES
UNA CRUZ STO ES UN ACRUZ
ESTO ES UNA CRUZ ESTO ES
UNA CRUZ ESTO ES UNA CRUZ
ESTO ES UNA CRUZ ESTO ES

ESTO ES UNA CRUZ ESTO ES   UNA CRUZ ESTO ES UNA CRUZ
ESTO ES UNA CRUZ ES   CRUZ ESTO ES UNA CRUZ
ESTO ES UNA CRUZ   QUIERO   UZ ESTO ES UNA CRUZ
ESTO ES UNA CRU   Z ESTO ES UNA CRUZ
ESTO ES UNA CRU   BAJARME DE   ESTO ES UNA CRUZ
ESTO ES UNA CRUZ   UZ ESTO ES UNA CRUZ
ESTO ES UNA CRUZ ES   ELLA   RUZ ESTO ES UNA CRUZ
ESTO ES UNA CRUZ ESTO   NA CRUZ ESTO ES UNA CRUZ

ESTO ES UNA CRUZ ESTO ES
UNA CRUZ ESTO ES UNA CRUZ
ESTO ES UNA CRUZ ESTO ES
UNA CRUZ STO ES UN ACRUZ
ESTO ES UNA CRUZ ESTO ES
UNA CRUZ ESTO ES UNA CRUZ
ESTO ES UNA CRUZ ESTO ES
UNA CRUZ ESTO ES UNA CRUZ
ESTO ES UNA CRUZ ESTO ES
UNA CRUZ ESTO ES UNA CRUZ
ESTO ES UNA CRUZ ESTO ES
UNA CRUZ STO ES UNA CRUZ
ESTO ES UNA CRUZ ESTO ES
UNA CRUZ ESTO ES UNA CRUZ
ESTO ES UNA CRUZ ESTO ES
UNA CRUZ ESTO ES UNA CRUZ
ESTO ES UNA CRUZ ESTO ES
UNA CRUZ ESTO ES UNA CRUZ
ESTO ES UNA CRUZ ESTO ES

LA BRÚJULA LLENA DE SAL

Cada uno de los pasos que doy
tiene distinta dirección,
con ellos voy formando
un círculo infernal
con más esquinas cada vez;
allí soy prisionero
de mi propia demencia,
amputado el juicio
y la brújula llena de sal.

No encuentro coordenadas ni salidas,
he perdido el horizonte magnético
que tuve alguna vez y me llevaba
por un itinerario razonable
sin tumbos excesivos.

¿En qué cajón
habré guardado mi vida
que no la encuentro?

Cobardes en la vida (II)

Quien sabe de dolor, todo lo sabe.

DANTE ALIGHIERI

Ahora que el futuro nos pasó
y los sueños quedaron troceados,
perdidos en el cieno y la maraña
de ilusiones y piedras del sendero
o rotos por la tara del paso atrabancado,
preferimos la vejez a la belleza,
la postración indigna al secreto del fuego,
el dolor y el ocaso
a la íntima gloria de la determinación.

Es la última perla: plenitud
del riesgo de vivir,
de ser los dueños únicos
del confín que creímos un todo inalcanzable.

¡El estallido es nuestro, debería ser nuestro!,
su esplendor era el premio de la lucha,
y ahora nuestros ojos rehúyen su verdad
y buscan minerales en la tierra
para quedarnos.

Retiramos la mano, el misterio y la voz:
cobardes en la vida hasta el final.

La hora del espejo

Es la hora del espejo,
la siniestra veladura del rostro,
turbio y desconcertado.

Los ojos a la búsqueda
de aquella luz del pasado que fuimos
y que acaso pervive
entre el azogue y el cristal
como en un agujero de gusano,
pero que no veremos nunca
porque el espejo no tiene piedad,
y mastica paciente su victoria
seguro de rendirte a su albedrío
y restregarte, en el mundo que te enseña,
tu cara vacía y cansada
cuando se asoma a él.

Ese maléfico rectángulo
que no podemos traspasar
para agarrarnos del cuello
y ajustarnos las cuentas,
tan distinto el que nos mira
del que se asoma,
enfrentados yo con yo, y yo con él,
sin que pueda ganar
el intruso, el advenedizo
que busca en su reflejo no una verdad
sino una respuesta,
                    una esperanza.

UNA FLOR DE PITA (I)

Ha crecido una flor de pita
en el pequeño acantilado
que serpentea nuestra playa,
hueco de furia y torrenteras
por las últimas lluvias de noviembre.

Casi da vértigo mirarla
nacida como está
en esa altura.
Emerge como un reto contra el índigo
del cielo de la tarde,
hermosísima,
pasión e intensidad de primavera
ahora que julio abrasa los días.

Vigor impetuoso,
henchida de agua verde por sus lóbulos,
curvada como ansia de falo
y aspiración de nube que se iza
y huye de la tierra.

Pero es tan solo un grito de impotencia,
un luminoso canto de cisne
que ha nacido para anunciar la muerte,
un alarido inútil de la planta
que sucumbe y la empuja a crecer,
el estertor
que la alimenta y la consume
en la última tragedia de su aliento.

Una flor de pita (II)

Si ayer era el fulgor
—aunque fuera el aullido primero de la muerte—,
hoy es el grito sordo de la última agonía,
la claudicación:
        lenta ha sido la parca,
        un año muriéndose cada día
        ... como tú.

El verano pasado
emergió ante mis ojos
el pletórico canto del cisne de una planta
áspera y grácil,
de altivo amanecer,
anclada a la dureza de atalaya
de la última tierra frente al mar
como garra de vida y testimonio,
sin costumbre del agua
ni otra distinta
que la del viento, el sol y los lagartos.

Y este año solo queda en pie
su ruina consumada,
la crudeza de la devastación
y el terco resistirse
al destino que la hizo nacer,
la certeza, la tétrica imagen
—ahora sí—
seca y raída de la muerte,
el soplo invertebrado de la muerte.

HORQUILLA DE ZAHORÍ

Somos en realidad
lo que apenas se nombra,
lo que se desvanece si se piensa,
un azar consumado,
una puerta que gime y que se olvida,
la horquilla del zahorí en busca del agua,
un venero que pasa y no perdura,
el temblor que rastrea
lo oculto de debajo de la tierra,

un malabar extraño de la vida.

Y TU NOMBRE EN MI BOCA

Por si el dolor hiciera
que olvidase tu nombre.

Y tu nombre en mi boca
bruñido de llevarlo tan adentro
en ella,
tan callado,
oculto como abrojo
en el turbio silencio
de mi soliloquio.

Guardo en él las palabras
que no sé lo que valen
porque no las doy
y a nadie llegan,
y se entumecen y se oxidan
como un arado viejo
que un día amó la tierra,
como un tesoro sin compartir,
cantárida que me arde
y me consume.

Te sé porque te nombro para mí.

EL CURSO DEL ARROYO

Desciende lento el curso del arroyo,
remansado en la paz de su estuario
ya sin otra pendiente donde romper el agua,
como esperándose,
coronado de mustios verdores
y chopos que amarillean.

El tiempo, inalterable,
mucho más cerca ahora,
persiste en su ironía:
    todo nos lo da y todo
    nos lo arrebata.

Es la última huella de la vida,
esa lengua de lluvia
que fuese nuestro anhelo
y que ahora pisamos sin asombro.

Esa línea que fue orilla y camino,
la línea de cada uno,
la que solo ve quien la conoce
y la sabe como cierta..., tan cierta.

HACER HUECO

Hay que ir empezando
a hacer hueco en la casa
... y en el corazón,
hacer limpieza, ¡sábado!,
como antes reclamaban nuestras madres
cuando el ansia de serlo les urgía,
y nos desocupaban los cajones
del olvido que íbamos guardando en ellos.

Todo patas arriba
para ensanchar espacios, respirar
y librarnos de rémoras ancladas al pasado,
elegir de entre todo lo inservible
lo desechable,
y hacernos hueco para tanta vida
como entonces nos esperaba,
esa que todavía nos palpita
y nos llama y nos requiere con ella,
la de ahora,
          la misma,
                    la única.

ÚLTIMA TARDE

Esta tarde he tenido
que sujetar el sol
cuando la luz se iba,
para que no se lo tragase el mar
y lo hiciera noche.

La cumbre

Han pasado los años y las dudas
siguen estando ahí,
ávidas todavía de respuestas
que ya difícilmente encontraré.

La cumbre se acerca
—aunque ya no camine
y entretenga los ojos
viendo crecer el musgo—,
y tengo que llegar solo,
desnudo.

Todo está allí,

esperándome

y solo yo, y solo

puedo llegar.

Qué dejamos aquí sino el grito perdido
PABLO NERUDA

Índice

Esta edición
quedó dispuesta para la tinta
en marzo de 2026,
tiempo de brotes, de azul y golondrinas